BLACHON SPORT 2

A ceux qui pensent
que perdre un 10.000 mètres
est 100 fois plus grave
que perdre un 100 mètres

HORIZON PTI/2

Citations et commentaires dénichés par Gilles Hugo

ROBERT LAFFONT

*Ce livre
a été imprimé
en Espagne
par Héraclio-Fournier S.A.
Photogravure :
Ernio
Composition :
Fotoffset France
Direction Artistique
et mise en page :
Patrick Couratin
Dépôt légal
Octobre 1989
N° Éditeur 32052
© Éditions Robert Laffont, S.A.
Paris, 1989
ISBN 2.221.06540-9*

*"Dernier souvenir d'une pratique sportive ?
Bah, c'était hier soir, quand j'étais en train de baiser.
Tous les muscles qui fonctionnent, c'est vraiment un sport complet.
Abdominaux, dorsaux, ventraux, grands fessiers,
euh, triceps, biceps..."*
SERGE GAINSBOURG
Sports reporter
1.85

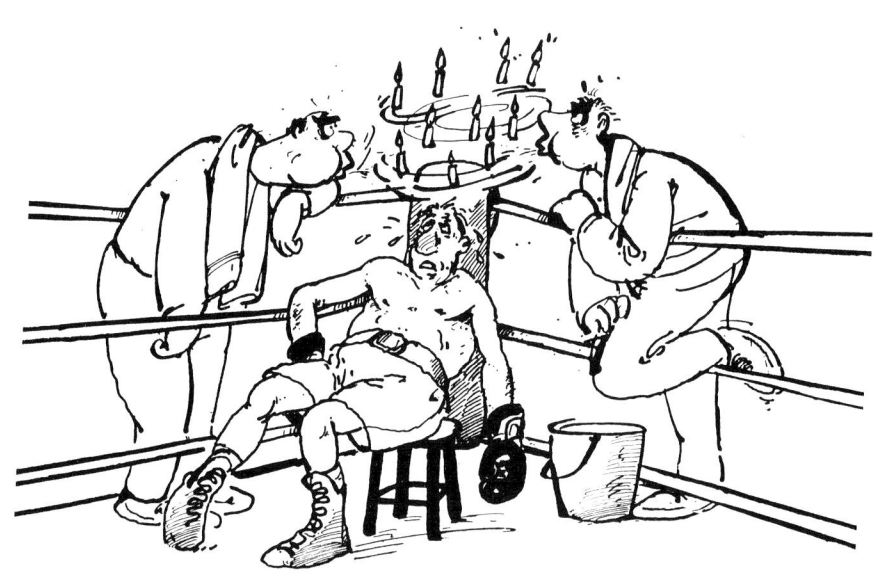

*"Conduisez-vous comme un canard.
Calme et immobile à la surface,
mais sous l'eau pagayez comme un fou !"*
FRED SHERO
Coach Hockey sur glace
Playboy
80

*"Pour battre Foreman :
d'abord le bombarder pendant trois jours
puis envoyer l'infanterie."*
HUGH MAC ILVANNEY
Boxeur
74

*"La boxe c'est un peu comme le jazz : plus elle est belle et
moins les gens peuvent comprendre."*
GEORGE FOREMAN
Boxeur
76

*"Tous les boxeurs sont des prostitués
et tous les promoteurs sont leurs souteneurs."*
LARRY HOLMES
Boxeur
84

*"Je m'amuse plus à envoyer la balle sur un joueur qu'à l'éliminer.
J'aime voir du sang sur la pelouse.
Et je m'entraîne au whisky."*
JEFF THOMPSON
Joueur de cricket
74

*"En ce qui me concerne,
j'ai toujours su garder les pieds et la tête sur les épaules."*
LUIS FERNANDEZ
TF1, 7 A PARIS

*"Ça m'emmerde de donner 600.000 F à un joueur.
J'y pense surtout quand je donne 50.000 F à un polytechnicien."*
BERNARD TAPIE
L'Equipe

*"Les Français n'ont jamais envoyé quelqu'un sur la Lune,
mais, depuis dix ans,
ils savourent le spectacle d'une aventure pas moins captivante :
Le Paris-Dakar."*
DIRT BIKE
Mensuel américain

*"Le problème avec les arbitres,
c'est qu'ils se moquent de quelle équipe gagne !"*
TOM CANTERBURY
Basketteur US

*"Regardez l'incroyable souplesse de la cheville.
On dirait vraiment une prolongation de la jambe."*
RON PICKERING
Commentateur BBC

FIDEL CASTRO JOUAIT ASSEZ BIEN AU BASE-BALL POUR AVOIR ÉTÉ ESSAYÉ
PAR LES WASHINGTON SENATORS, QUI NE DONNÈRENT PAS SUITE.
*"Si on avait su qu'il voulait être dictateur,
on l'aurait fait arbitre !"*
Commentaire d'un observateur

*"Mais non la Mitsubishi n'est pas trop encombrante.
Ce sont les routes qui sont trop petites."*
BRUNO BERGLUND
Copilote de Vatanen
89

*"Monter sur le ring face à ce type (Tyson)
doit vous faire la même impression
que de pénétrer dans la Vallée de la mort."*
THOMAS HEARNS
Boxeur US
86

APRÈS LA VICTOIRE DE CHANG, 17 ANS, A ROLAND-GARROS :
"Il va falloir apprendre les bonnes manières à ces gosses."
JOHN MacENROE
Tennisman US
89

*"Michel Platini, enfant gâté de la balle,
n'en finit pas de tutoyer une certaine perfection.
Je n'ai pas l'habitude de me vanter
mais c'est ainsi et pas autrement."*
MICHEL PLATINI
"Ma vie comme un match"
87

*"Il faut prendre l'adversaire par ses faiblesses.
Si vous savez que Tigana souffre déjà de la cheville,
vous allez le piétiner.
Gilhaus n'a reçu qu'un carton jaune.
On l'a félicité après le match."*
RON KOEMAN
Footballeur PSV Eindhoven
Sport International
1.4.88

LE SAVIEZ-VOUS ?

82,
la golfeuse Elaine Johnson tape sa balle,
qui heurte un arbre et retombe dans son corsage :
"Je veux bien deux points de pénalité,
mais il est hors de question
que je frappe la balle là où elle est."

En 80,
on dut arrêter le match de rugby international
entre Fidji et Tacuman
quand le demi fidjien envoya son coup de pied si loin
qu'on ne retrouva pas le ballon.
Le deuxième ballon n'était pas aux normes
et il n'y en avait pas d'autre...

Aux JO d'Anvers, 1920,
dans la finale du football,
l'équipe tchèque, fatiguée d'entendre le public
huer et insulter l'équipe belge
qui ne comporte pas assez de joueurs d'Anvers,
quitte le terrain et est disqualifiée.

En 72, à Munich,
Norbert Sudhaus, un étudiant allemand,
se joint au marathon juste avant l'entrée du stade
et franchit la ligne le premier.
La tricherie est immédiatement découverte et
Frank Shorter, "deuxième", reçoit la médaille d'or.

"Pendant un match, si vous devez vous rappeler de vous concentrer, alors vous n'avez aucune chance de vous concentrer."
BOBBY NICHOLS
Golfeur

"L'Arms Park, c'est le stade du monde où l'on se sent le plus petit. C'est une grande carcasse, une espèce de monstre qui serait arrêtée là en pleine ville et qui n'aurait jamais pu regagner la mer."
JEAN-PIERRE RIVES
Ex-rugbyman
Le Sport
19.3.88

"Le pilier droit, son boulot c'est de caler la mêlée. S'il est gaillard, il attaque la première ligne adverse comme un coin dans la bûche. Un homme est fragile au niveau des charnières, le cou et les reins. C'est là qu'il faut le forcer. Etouffer le talonneur pour l'empêcheur de talonner, faire brouter le pilier gauche s'il est grand, le lever s'il est petit. Un pilier, dès qu'il a le cou tordu, il rompt et toute sa mêlée prend un taquet dans la tronche."
JEAN-PIERRE GARUET
Rugbyman
Rolling Stones
2.88

*"Dans le vélo,
quand je suis arrivé c'étaient des clochards.
Vous avez vu les budgets maintenant ?
Rien que des balèzes !"*
BERNARD TAPIE
Libération
23.1.86

*"Pour moi il y a trois choses inutiles au monde :
les attributs virils d'un évêque, les seins d'une nonne et
les paroles adressées à l'arbitre au banquet d'après match."*
JEAN-PIERRE RIVES
Ex-rugbyman
L'Express Sport
29.1.88

*"Le tennis est le seul sport
qui fasse du bien à mes vertèbres cervicales.
Il me permet de les débloquer
lorsque ma tête va de gauche à droite pour suivre la balle."*
SIM
Comédien
France-Soir Mag.
87

A SA FEMME APRÈS AVOIR PERDU SA COURONNE MONDIALE :
"Chérie, j'ai oublié d'esquiver !"
JACK DEMPSEY
Boxeur

LES SURNOMS

LA MARQUE SUPRÊME DU SPORTIF,
SIGNE QU'IL EST RENTRÉ DANS LA GRANDE LÉGENDE DU SPORT.

AL OERTER (USA) :
L'homme au bras d'or
(4 titres olympiques au disque)

JOE LOUIS (USA) :
Le bombardier noir
(28 championnats du monde de boxe
1937-49)

BERNARD HINAULT :
Le blaireau

LILIAN ET GUY CAMBERABERO :
Les lutins de La Voulte
(Les grands demis du rugby 61-68)

JEAN BOROTRA :
Le Basque bondissant
(Un des mousquetaires du tennis)

JEAN-PIERRE JARIER :
Godasse de plomb
(Un gros cœur de la course automobile)

CARLOS MONZON (Arg.) :
El macho, boxeur meurtrier

CARL LEWIS (USA) :
King Carl
(Le plus grand des années 80)

THOMAS HEARNS (USA) :
Hit man, le tueur à gages
(Champion du monde dans 4 catégories)

WILLIAM PERRY (USA) :
Le réfrigérateur
(Le footballeur américain le plus "compact")

BORIS BECKER (All.) :
Boom Boom

ZICO (Brésil) :
Le Pelé blanc

EMIL ZATOPEK (Tchéc.) :
La locomotive tchèque
(Un monstre de courses de fond)

MIKE HAILWOOD (GB) :
Mike the bike
(9 titres en moto 61-67)

LEV YACHINE (URSS) :
L'araignée noire
(Le plus grand gardien de but)

PIERRE ALBALADEJO :
Monsieur Drop

ERIC TABARLY :
Pépé

NELSON PESSOA (Brés.) :
Le sorcier brésilien
(Un cavalier inoubliable)

*"J'ai trouvé que le numéro 10, Whymark,
jouait particulièrement bien."*
(Bien qu'au programme, Whymark n'avait pas joué ce match.)
MARGARET THATCHER
Premier ministre GB
Finale Cup
78

"J'en connais plus sur le football que sur la politique."
HAROLD WILSON
Premier ministre GB
74

*"Le vrai problème de l'équipe nationale,
c'est qu'en Italie il y a 50 millions de conseillers."*
GIANNI RIVERA
Footballeur italien
69

"Les autres pays ont leur histoire. L'Uruguay a son football."
ONDINA VIERA
Coach Uruguay
66

QUAND LE BOXEUR PRIT UNE DE SES RETRAITES :
*"Je lui ai dit que s'il n'arrêtait pas,
je lui briserais les doigts."*
JUDY LEONARD
Femme de SUGAR RAY
82

JOUIEZ-VOUS POUR L'ANGLETERRE A LA COUPE DU MONDE 1950 ?
"Oui, d'ailleurs, j'étais le seul."
ALF RAMSEY
Footballeur GB

"Avec un peu de chance, à la coupe du monde,
j'aurais pu être anobli.
Au lieu de ça j'ai peur d'être décapité."
ALLY MAC LEOD
Entraîneur Ecosse
78

"Le golf est un compromis entre ce que votre ego veut
vous faire faire, ce que votre expérience vous dicte,
et ce que vos nerfs vous autorisent."
BRUCE CRAMPTON
Golfeur

"Un bon entraîneur a besoin d'une femme patiente,
d'un chien loyal, et d'un super quaterback,
pas forcément dans cet ordre..."
BUD GRANT
Coach Minnesota Vikings, Foot US
70

"Le Français croit toujours dominer son adversaire
uniquement par son intelligence.
Les Allemands sont trop bourrins,
les Italiens trop rigoureux
et les Belges travaillent trop."
GILBERT GRESS
Entraîneur Foot Neuchatel, Le Sport
14.4.88

"M.T. : Je n'ai pas de sentiments.
Un combat ne se gagne pas avec des sentiments.
Dans la boxe, c'est comme dans l'amour :
seules les performances comptent.
L.H. : Je suis nerveux et effrayé.
Je suis effrayé à l'idée que je peux tuer ce gars.
M.T. : Celui qui s'attaque à Mike Tyson
doit savoir qu'il risque sa vie."
MIKE TYSON / LARRY HOLMES
Avant le match
22.1.88

*"Je suis rondouillard, c'est vrai !
Cela provient du fait que je prends peu d'exercice :
on n'a pas besoin de courir quand on est arrivé."*
RAYMOND DEVOS

*"Le seul sport de plein air que j'ai pratiqué
est le jeu de dominos ;
j'ai parfois fait une partie à la terrasse d'un café français."*
OSCAR WILDE

*"Ce qui est inquiétant, ce n'est pas que les athlètes
soient des professionnels,
mais que les dirigeants soient des amateurs."*
FRANÇOIS SIMON
Le Monde

*"Ce n'est pas dans la vessie,
mais dans les portefeuilles des dopés
qu'il faudrait examiner la loyauté sportive."*
DOCTEUR NESTOR FENLEROC

SONDAGE AUX ÉTATS-UNIS :
*"66 % des joggers pensent au sexe en courant ;
8 % d'entre eux pensent au jogging en faisant l'amour."*
L'Equipe Mag.

*"Pour Christian Haas, sprinter allemand,
il faudra organiser à l'avenir quatre séries de Jeux olympiques :
pour Noirs dopés, pour Noirs non dopés,
pour Blancs dopés et pour Blancs non dopés."*
L'Equipe Mag.

*"Ils ont changé leur maillot rouge et blanc
contre un maillot blanc et rouge."*
France Inter

*"Crois-moi, dans le rugby anglais,
il est plus pénible d'être ailier que d'être noir."*
CHRIS OTIS
International noir anglais
L'Equipe Mag.

LE SAVIEZ-VOUS ?

Les joueurs de football portèrent un numéro
pour la première fois
à la finale de la coupe d'Angleterre 1933.

En lutte gréco-romaine, aux JO de Stockholm, en 1912,
la demi-finale dura 11 h et 40 mn

Les arbitres de football féminin ne sifflent pas
de faute de mains
lorsque celles-ci protègent la poitrine.

A Séoul, aux JO 88,
on a dépisté une bonne dizaine de cas d'athlètes
ayant fumé de la marijuana,
mais celle-ci n'est pas sur la liste des produits dopants...

En 1912, Jack Johnson,
le premier champion du monde des poids lourds noir,
a été interdit à bord du *Titanic*
à cause de la couleur de sa peau.
Chanceux ?

Aux JO de Montréal 76,
Boris Onishenko avait bricolé son épée électrique
pour qu'elle marque des touches en plus :
disqualifié !

A Moscou, en 80,
des lanceurs de javelot finlandais
se sont plaints que les officiels
ouvraient les portes géantes du stade olympique
dès qu'un Russe lançait, pour l'aider avec le courant d'air...

*"Je préférerais avoir un accident plutôt que tomber amoureuse,
voilà combien j'aime la course automobile."*
LELLA LOMBARDI
Pilote F1 femme
75

*"Quand on vous traite de nègre,
faites le job suffisamment proprement
pour qu'on vous dise : "Monsieur Nègre""*
DOUG WILLIAMS
Footballeur US
87

*"C'est vrai, j'ai un gros problème.
Comme les Japonais se ressemblent tous,
j'ai un mal fou à les différencier.
Le seul avantage réel est qu'ils sont à ma hauteur."*
ALAIN PROST
Coureur automobile
Le Sport
30.10.87

*"Il n'y a que deux situations de base au football :
on a la balle ou on ne l'a pas."*
RON GREENWOOD
Entraîneur football
77

*"Je suis un élu de Dieu... Je suis né pauvre,
l'argent que je gagne n'a changé ni ma nature,
ni mes croyances."*
DIEGO MARADONA
Footballeur
84

*"Les seuls coups dont on peut être sûr,
c'est ceux que l'on a déjà joués."*
BYRON NELSON
Golfeur

"J'abondonnerais bien le golf mais j'ai trop de pulls."
BOB HOPE
Comédien

*"Donnez-moi des clubs de golf, de l'air pur
et une superbe partenaire,
et vous pouvez garder mes clubs et l'air frais."*
JACK BENNY
Comédien

*"J'ai fait une croix sur les gens du foot.
Je travaille avec eux, mais je n'ai rien en commun.
Aucun ami. Aucun ennemi.
Disons simplement que ce n'est pas le grand amour.
Ils ne m'apportent rien. Ils ne sont rien pour moi. Ils le savent.
Ils me dégoûtent. Dans ma vie, ils n'existent pas."*
ERIC CANTONA
Footballeur
L'Equipe
24.3.87

*"On dit que les filles courent moins vite que les garçons.
D'accord. Mais en boxe, il y a bien des combats dans chaque
catégorie de poids. Et un petit ne rencontre jamais un gros.
Il va falloir que tout le monde nous prenne en considération."*
ANNETTE SERGENT
Coureuse à pied
L'Equipe
24.3.87

APRÈS SA MÉDAILLE D'OR DES SUPER-LOURDS (+ 110 kg) :
*"Peut-être maintenant ma femme
me montrera-t-elle un peu plus de respect."*
VASSILI ALEXEYEV
Haltérophile russe
76

*"J'ai pris ma retraite d'entraîneur
à cause de la fatigue et de la maladie.
Les supporters étaient fatigués de moi,
et malades de me voir."*
JOHN RALSTON
Coach Football US
76

*"J'étais à une réception l'autre jour avec Romeo Benetti.
C'était la première fois que j'arrivais à moins de dix mètres
de lui sans prendre de coups de pied. Et je ne pouvais
m'empêcher de regarder par-dessus mon épaule."*
KEVIN KEEGAN
Footballeur
78

*"Dès que Bertini s'approchait, il me donnait des coups dans les
côtes, son poing dans l'estomac ou ses crampons sur les tibias...
un véritable artiste, je dois reconnaître !"*
PELE
Footballeur
70

*"Le plus beau pour un joueur, c'est lorsqu'un enfant te dit :
"Je veux jouer comme toi"."*
FREDDY HUFNAGEL
Basketteur
L'Equipe Mag.
14.2.87

*"Senna prend trop de risques, Prost est plein de suffisance,
Rosberg est un pilote confus, Arnoux est un sot.
Mansell ? Qui ça ? Mansell vous avez dit ?
Mais vous êtes sûr que c'est un pilote de F1 ?"*
NELSON PIQUET
Champion F1
86

*"Je serais plutôt un type qu'on ne remarque pas.
Quand je demande à signer ma note d'hôtel, par exemple,
on me demande très souvent mon nom."*
MATS WILANDER
Tennisman
Tennis Magazine RFA
3.87

*"Il n'y a qu'une alternative
quant à la prise de stéroïdes anabolisants :
ne les prenez pas et restez en deuxième classe, ou bien
abandonnez l'athlétisme."*
HOWARD PAYNE
Athlète
74

*"En lutte, quand vous avez perdu,
vous ne pouvez invoquer aucune excuse,
il n'y a ni terrain glissant,
ni raquette qui craque, ni vent contraire qui fait que..."*
LINO VENTURA
Lutte Magazine
1.88

*"Je ne crois pas m'être tellement calmé.
On a juste trouvé quelqu'un de pire que moi."*
JIMMY CONNORS
Tennisman
Life
84

*"Il faut haïr votre adversaire.
Même si vous jouez contre votre grand-mère,
il faut la battre 50 à 0.
Et si elle a déjà 3, il faut gagner 50 à 3."*
DANNY MAC GOORTY
Champion de billard

*"J'ai tiré un éléphant sauvage en Afrique, à 30 m,
et il s'est écroulé juste à mes pieds. Pas la moindre peur !
Mais un putt de 80 cm me terrifie !"*
SAM SNEAD
Golfeur

*"Jusqu'à présent, l'utilité des courses d'escargots
n'a pas été reconnue officiellement par les pouvoirs publics.
On n'a jamais fait ressortir l'intérêt
que nous avons à améliorer cette race
au point de vue strict de la rapidité."*
TRISTAN BERNARD

*"Ce que je sais de plus sûr,
sur la morale et les obligations des hommes,
c'est au football que je le dois."*
ALBERT CAMUS

LE SAVIEZ-VOUS ?

En Ecosse, existe un sport :
"Tossing the caber",
qui consiste à lancer un tronc de mélèze
de plus de 5 m de long et plus de 50 kg,
le tout en kilt, of course !

Si le marathon fait 42,195 km,
c'est parce que c'est la distance exacte entre
le château de Windsor et le stade de White City,
lieu des JO de 1908.

En 1907, le second du raid automobile Pékin-Paris,
Cornier, arriva 3 semaines après le vainqueur,
le prince Scipion Borghèse.

En 68, à Grenoble,
3 Allemandes de l'Est furent disqualifiées
pour avoir réchauffé les patins de leurs luges
sur un feu pour aller plus vite !

En 36, à Berlin,
Dora Ratjen gagne le saut en hauteur féminin,
mais on se rend compte très vite que son vrai nom est
Herman Ratjen.
Il soutient vivre comme une femme, depuis 3 ans,
mais on lui retire sa médaille.

Le 17 mai 81,
la finale du championnat de France de Jeu à 13
est arrêtée après 9 mn de "jeu",
la bagarre entre Perpignan et Villeneuve est trop violente !

"La tête vous fait rater plus de coups que le corps."
TOMMY BOLT
Golfeur

"La sérénité, c'est de savoir que votre coup le plus nul sera encore pas mal."
JOHNNY MILLER
Golfeur

*"Le golf :
le vice du jeune homme et la pénitence du vieux."*
IRVIN COBB
Humoriste

*"Gorrili s'occupait des affaires de Vujovic.
Il s'en occupait tellement qu'il voulait rentrer
dans le même short."*
JEAN-MICHEL LARQUÉ
TF1
24.1.88
Bordeaux-Kiev

*"Là j'ai le choix
entre être le meilleur ou être le meilleur."*
BRIAN ORSER
Patineur
JO 88

*"L'année dernière
on a essayé d'apprendre l'anglais à Valenzuela
et le seul mot qu'il a retenu
c'est "million"."*
TOMMY LASORDA
Manager base-ball US
82

*"Au moins une bonne chose est sortie
de cette grève des joueurs :
ma femme est enceinte."*
MATT CAVANAUGH
Footballeur US
82

*"On dit que mon ego est immense.
Je crois qu'il est à ma taille
(2,16m)."*
WILT CHAMBERLAIN
Basketteur US
84

*"On me dit que j'ai un naturel facile sur une moto,
mais ces temps-ci,
c'est plutôt un naturel à me retrouver le cul par terre."*
KEVIN SCHWANTZ
Pilote moto US
89

PELE (Brés.) :
Le roi

FAUSTO COPPI (Ital.) :
Le Campionissimo
(Un monstre de la route)

BOBBY MORROW (USA) :
L'éclair blanc du Texas
(3 médailles d'or en 56)

LAURENT DAUTHUILLE :
Le Tarzan de Buzenval
(Un des grands poids moyens de l'après-guerre)

JOHN MacENROE (USA) :
Le brat, le garnement

JACK JOHNSON (USA) :
Le nègre jaune
(1er champion du monde noir des lourds, 1906)

JIMMY CONNORS (USA) :
Jimbo, l'increvable

JOE NAMATH (USA) :
Broadway Joe
(Un des grands quaterbacks du foot américain)

JEAN-PHILIPPE RUGGIA :
Elbows
(Le seul à frotter les coudes en moto)

ROGER DE VLAEMINCK (Bel.) :
Le gitan
(4 Paris-Roubaix)

FERENC PUSKAS (Hon.) :
Le major galopant
(84 fois international hongrois)

ROD LAVER (Austra.) :
Rocket
(2 grands chelems au tennis)

FRANZ BECKENBAUER (RFA) :
Kaiser Franz, Monsieur Football

FREDDIE SPENCER (USA) :
E.T., Fast Freddie
(Champion du monde moto)

NIKI LAUDA (Aut.) :
L'ordinateur

JESSE OWENS (USA) :
Le dieu du stade
(4 médailles d'or aux J.O. 36)

CYRIL NEVEU :
Le nain
(Un des grands du Paris-Dakar)

ANDREA DE CESARIS (Ital.) :
De Crasharis
(Le plus grand casseur de voitures de la F1)

*"J'aime la femme... Pardon... les femmes.
Le footballeur ne peut pas être un bon époux.
Mais un bon amant !"*
STÉPHANE PAILLE
Footballeur Sochaux
Pays de Franche-Comté
88

*"Je ne connais aucun athlète qui soit mort
d'avoir pris des stéroïdes. On dit que leurs couilles deviennent
du bois. Ce n'est pas vrai ! Les types vont bien."*
BRUCE JENNER
Décathlonien US
Playboy
80

*"Quelquefois, des bords du ring, pendant mes combats,
j'ai entendu des "Vas-y, casse-le ce nègre !"
adressés à mon adversaire. Ça décuplait ma rage de vaincre.
En réponse, je gagnais et saluais tout le monde."*
SAID "FREDDY" SKOUMA
Boxeur
L'Equipe Mag.
10.86

*"Super ! On regarde la balle monter,
puis nous retomber dessus,
et d'une oreille on entend le bruit de leurs pas alors
qu'on essaye toujours de fixer le ballon pour ne pas le rater. Ils
veulent tous nous transformer en paillasson."*
PATRICE LAGISQUET
Rugbyman
Le Sport
19.3.88

*"Une médaille d'or ? Ce serait super.
Elle me rapporterait une Ferrari.
Et puis, une médaille d'or autour du cou me donnerait
un tel prestige, que je pourrais aller voir la magnifique
Katarina Witt avec certains arguments."*
ALBERTO TOMBA
Skieur, JO 88
Le Sport
26.2.88

*"Dans ce sport vous avez juste besoin de vitesse, de force,
et de savoir tout de suite quand ça fait mal."*
REGGIE WILLIAMS
Footballeur américain
Cincinnati
1980

*"Si on finit dans les six premiers,
on aura droit à un bonus de 100 dollars.
Qu'est-ce que je vais faire avec tout cet argent ?"*
CHRIS LORI
Bobeur canadien
Le Sport
29.2.88

*"Le pilote idéal ?
Très rapide, ayant prononcé le vœu d'obéissance,
de chasteté et surtout de pauvreté."*
MARCO PICCININI
Directeur Ferrari

*"Le rugby c'est un peu de technique et
beaucoup d'envie d'être sur le ballon
et de faire tomber l'adversaire."*
THIERRY DEVERGIE
Rugbyman 89

*"Montrez-moi un bon perdant
et je vous montrerai un perdant."*
DEVISE US

*"Je me rappelle une de mes premières régates, sous la neige,
nous avions pissé sur nos mains gelées
pour réussir à tenir nos cordages."*
BRUNO PEYRON
Skipper
89

*"Regardez-moi, ne suis-je pas la Beauté ?
Respirez-moi, ne suis-je pas le Parfum ?"*
MUHAMMAD ALI
Boxeur
1960

LE SAVIEZ-VOUS ?

En 70,
le combat entre George Foreman et Georges Chuvalo
doit être stoppé lorsque Mme Chuvalo grimpe sur le ring
pour forcer son mari à arrêter la boxe !

A Budapest 89,
Javier Sotomayor, recordman du monde en plein air
de saut en hauteur (2,43 m),
demande la même hauteur en salle,
pensant obtenir un autre record du monde.
Personne ne lui a dit qu'il n'y a plus de distinction
entre dedans et dehors, un record pour rien...

A Séoul 88,
les kayakistes français
Philippe Boccara et Pascal Boucherit
se reposent en attendant le départ et oublient l'heure,
Ils ratent le départ et une quasi certaine médaille.
Coulés !

En Afghanistan,
le *buzkashi* est une sorte de polo
pratiquée par plusieurs équipes de 25 cavaliers, ou plus.
Le "ballon" est une dépouille de chèvre.
Les cavaliers peuvent tout faire
sauf frapper les chevaux adverses.

*"Ce que l'on exige d'une voiture ressemble à l'acte sexuel.
Une fois que l'on a commencé à carresser sa voiture,
elle doit percevoir ce que l'on veut d'elle.
Vos relations câlines doivent durer toute la course,
dans cette même harmonie.
Bien sûr, une voiture peut se retourner contre vous
aussi soudainement qu'une femme et même
vous détruire sans crier gare."*
JACKIE STEWART
Triple champion de monde F1
Playboy

*"Le vrai sport n'a rien à voir avec le fair-play.
C'est plein de haine, de jalousie, de vantardise,
de non-respect des règles
et d'un plaisir sadique à regarder la violence.
En d'autres mots, c'est la guerre sans les coups de feu."*
GEORGE ORWELL
Ecrivain
1950

*"Tout ce que les Français peuvent nous apprendre au Jeu à 13,
c'est comment se bagarrer, se cracher dessus
et se mordre les uns les autres."*
ALEX MURPHY
Entraîneur Jeu à 13 GB

*"Le golf est un compromis entre ce que veut ton ego,
ce que l'expérience te dit de faire et
ce que tes nerfs te laissent faire."*
BRUCE CRAMPTON
Golfeur US

*"Non, je ne me suis jamais cassé le nez en jouant,
mais onze autres types me l'ont fait."*
GOLDIE HOWE
Hockeyeur US

*"7ᵉ place pour Alain Prost,
qui n'est pas pour l'instant dans les 6 premiers."*
PATRICK GRIVAZ
France Infos

*"Les jours de grande course, tout un tas de gens
viennent vous demander un autographe juste
quand vous montez dans la voiture
pour pouvoir dire plus tard
qu'ils ont eu votre dernier mot."*
A.J. FOYT
Pilote auto
76

"Il faut traiter la mort comme n'importe quelle partie de la vie."
TOM SNEVA
Pilote auto
77

A KEN NORTON, APRÈS LE COMBAT :
*"Si tu n'avais pas été là,
le combat n'aurait pas été super..."*
HARRY CARPENTIER
Boxeur US
77

*"Les règles du football sont simples. Si ça bouge,
tapez dedans ; si ça ne bouge pas, tapez dedans
juqu'à ce que ça remue."*
PHIL WOOSNAM
Patron football aux USA
75

*"MacEnroe c'est du théâtre.
Quand il monte au filet, c'est Richard III."*
FRANCIS HUSTER
Le Parisien Libéré
85

*"Les chevaux et les jockeys vieillissent plus vite que les gens.
C'est pour ça que les chevaux sont admis sur les champs
de course dès l'âge de 2 ans et
les jockeys avant qu'ils ne se rasent."*
DICK BEDDOES

*"Même si un embryon naît un jour donné,
sa vraie naissance est peut-être pour plus tard.
Je suis peut-être né quand j'ai sauté 8,90 m.
Mais mon saut avait vingt ans d'avance. Mon histoire est celle
de quelqu'un qui est né avant son époque."*
BOB BEAMON
Sauteur en longueur
L'Equipe
17.10.87

*"J'ai déjà reçu un coup de téléphone de Moscou.
Ils croient que Marcus Allen (des L.A. Raiders)
est une nouvelle arme secrète.
Ils insistent pour que nous la désarmions."*
RONALD REAGAN
Président USA
84

*"Je suis toujours à la recherche de chaussures
qui me feront courir
sur le bitume comme si j'étais pieds nus
sur un champ de poitrines de jeunes vierges."*
DAVE BRONSON
Marathonien US
71

LE TENNIS EST UN MERVEILLEUX SPORT D'ÉCHANGES :

A BILL SCANLON :
"Tu es pire que de la poussière !"

AUX SPECTATEURS DE WIMBLEDON 81 :
"Je suis si dégoûtant que vous ne devriez pas regarder : partez tous !"

A L'ARBITRE :
"Vous êtes une insulte à l'espèce humaine !"

"Il y avait un choix de 1000 officiels et je tombe sur un demeuré comme vous."

A ROLAND-GARROS 84 :
"Fermez vos grandes gueules de grenouilles !"
JOHN MacENROE
Tennisman US

*"MacEnroe n'aime pas Connors, ni moi d'ailleurs.
Et Connors n'aime pas MacEnroe,
et à vrai dire MacEnroe n'est pas ma personne préférée.
Tout ça est très difficile..."*
IVAN LENDL
Tennisman tchèque

LE SAVIEZ-VOUS ?

Coupe d'Europe 77, à Copenhague.
Le lanceur de marteau irlandais s'échauffe :
à son premier jet, le marteau détruit
un tout nouveau système de chronométrage électronique,
rebondit sur la tête d'un officiel
et rate la table des juges de 10 cm !

En 1955, en Angleterre,
un match de cricket est abandonné quand la balle,
envoyée dans un champ voisin, est mangée par une vache :
il n'y avait pas d'autres balles !

En Belgique 77,
Niki Lauda insulte David Purley
qui ne l'a pas laissé passer, causant un tête à queue :
"Les lapins comme toi devraient laisser passer
les as comme moi."
A la course suivante,
la voiture de Purley arbore un magnifique lapin blanc
sur sa carrosserie.

Aux USA,
quand un grand joueur de base-ball prend sa retraite,
on retire aussi son numéro qui n'est plus attribué par son club.

AVANT SON COMBAT CONTRE SUGAR RAY LEONARD,
IL S'AVALE 2 ÉNORMES STEACKS, PLUS UN AU DESSERT,
ET ATTRAPE DES CRAMPES D'ESTOMAC AU 8e ROUND :
"No mas, no mas, no more box..."
ROBERTO DURAN
Boxeur panaméen
80

*"Mon plus dur combat a été contre ma première femme
et elle a gagné tous les rounds."*

"Je suis juste un nègre qui essaye de grandir."
MUHAMMAD ALI
Boxeur US

*"Si vous jouez contre une fille avec des gros seins,
amenez-la au filet,
et faites-lui frapper des volées de revers ;
c'est le coup le plus dur pour les bien-fournies..."*
BILLIE JEAN KING
Tenniswoman US

*"C'est plus facile de gagner les Jeux olympiques
que les championnats US ;
aux JO il n'y a que 3 Américains à battre."*
GUY DRUT
Médaille d'or 76
110 m haies

*"A la fin je n'entendais plus ce que disait la Reine,
mais c'était super de voir ses lèvres bouger."*
VIRGINIA WADE
Wimbledon
77

*"Ivan Lendl, je le surnomme "Baby Frankenstein",
on dirait toujours qu'il vient de voir sa maison brûler
ou qu'on lui a coincé les pieds dans un étau.
Tim Mayotte, il doit rigoler les années bissextiles,
on dirait la statue de la Liberté, mais le sourire en moins.
Stefan Edberg, quand je le vois dans les vestiaires,
je n'arrive jamais à savoir s'il a perdu ou gagné.
Je suis plus content que lui quand il a gagné."*
ILIE NASTASE
7.11.87

*"Le tennis n'est que temporaire.
Mon potentiel en tant qu'être humain est plus durable."*
CHRIS EVERT
Tenniswoman

"En rugby, l'amateurisme ça finira bien par payer un jour."
ALBERT VOGEL dit BÉBERT LA CLOCHETTE
Puciste

*"Mark Spitz parle beaucoup de lui-même,
mais comment le blâmer, c'est tout ce que les gens lui demandent."*
DAVE EDGAR
Nageur US
72

DOMINIQUE ROCHETEAU :
L'ange vert

LEONIDAS (Brés.) :
Le diamant noir, le buteur brésilien

FRANCESCO MOSER (Ital.) :
Le vieux

ALAIN PROST :
Le professeur

MANUEL FRANCISCO DOS SANTOS (Brés.) :
Garrincha, l'oiseau tropical
(Le plus grand dribbleur)

ZBIGNIEW BONIEK (Pol.) :
Le cheval fou
(Le compagnon de Platini à la Juventus)

EARVIN JOHNSON (USA) :
Magic
(Le meilleur basketteur des L.A. Lakers)

JACKY VIMOND :
Maximum Vimond
(Champion du monde de motocross, 86)

HENRY JACKSON (USA) :
Homicide Armstrong
(3 titres dans 3 catégories 37-38)

BJORN BORG (Suède) :
Iceborg

MICHAEL GROSS (RFA) :
L'albatros
(Un nageur immense)

ROBBY NAISH (USA) :
Le dieu blond
(La star de la planche à voile)

BRUNO BELLONE :
Lucky Luke
(Un pied gauche magique)

WILMA RUDOLPH (USA) :
La gazelle noire
(3 médailles d'or de sprint, 60)

JACK DEMPSEY (USA) :
Le casseur de Manassa
(Un des grands poids lourds)

AYRTON SENNA (Brés.) :
E.T., Magic Senna

JEAN-PIERRE RIVES :
Casque d'or

*"J'aurais dû gagner la médaille d'or à Munich,
mais aujourd'hui je suis content de n'être arrivé que troisième.
Je suis déjà impossible à vivre avec une médaille de bronze.
Avec de l'or j'aurais été insupportable et je n'aurais jamais
réalisé que je n'étais qu'un clown."*
DWIGHT STONES
Sauteur en hauteur, US
76

*"Je ne communique pas avec les joueurs.
Je leur dis quoi faire.
Je ne sais pas ce que veut dire communication."*
PAUL RICHARDS
Manager Baseball

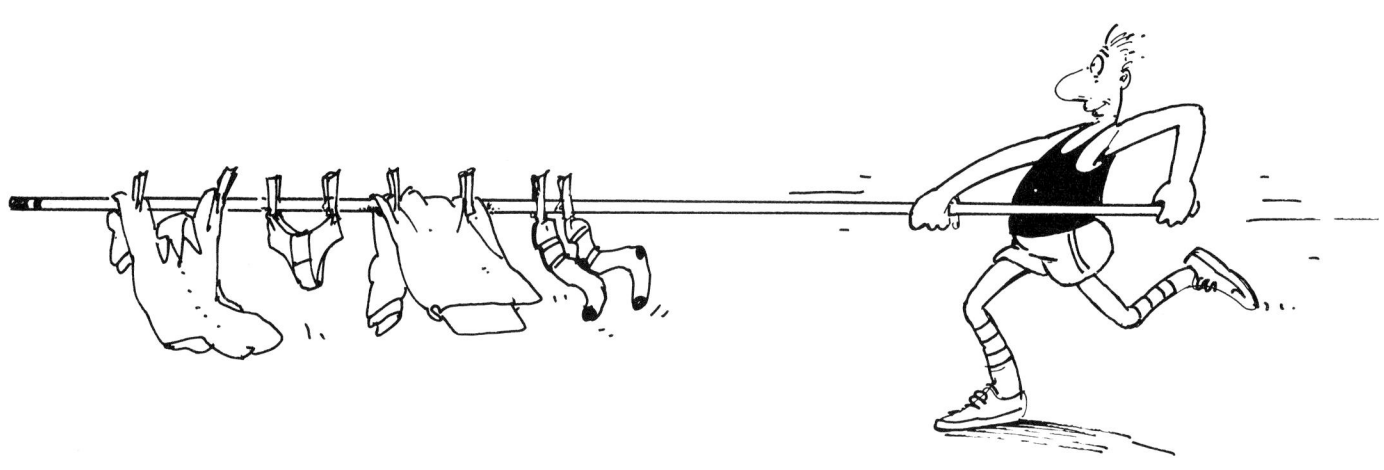

*"Je crois que si l'homme voulait marcher sur l'eau,
il y arriverait.
Il pourrait vraiment s'il abandonnait tout pour ça."*
STIRLING MOSS
Pilote auto

*"Je ne fais rien à la maison.
Je ne saurais pas changer une couche,
je n'ai jamais lavé une assiette.
En Irlande, les hommes ne font pas de travail domestique.
A la maison, je m'installe et je suis le boss,
au moins j'aime croire que je le suis."*
PAT JENNINGS
Footballeur

"Pour ceux d'entre vous avec des postes noir et blanc,
Liverpool est tout en rouge."
DAVID COLEMAN
Commentateur BBC

"Il y en a qui ont tellement la trouille avant un match
qu'ils mettent des couches-culottes sous leur short.
On les connaît ceux-là, on les charrie :
tu veux pas faire une petite pub pour les Pampers ?"
YANNICK NOAH
Tennisman
89

"Il ne boxe plus qu'avec son œil droit !"
CANAL +

"Après analyse de 20 composants de chaque sport,
une équipe d'experts américains classe les sports les plus durs :
1/Boxe, 2/Football, Football américain, 3/Décathlon, 4/Basket,
5/Football, 6/Ski (descente), 7/Base-ball, 8/Tennis,
9/Automobile, 10/Patinage artistique."
ENQUÊTE

"Mon fils qui a 17 ans est fana de pêche à la ligne.
Je ne comprends pas comment il peut faire...
Moi, au bout de 2 mn, j'essaie de négocier avec le poisson."
JEAN-CLAUDE DARMON
Monsieur Pub, Football
Le Sport
26.12.87

*"Dieu devait avoir des intentions précises
en me faisant à la fois bègue, épileptique
et athlète à succès..."*
JAN BOKLOEV
Sauteur à ski suédois
89

*"On ne me trompe pas deux fois,
une fille qui s'est fait violer deux fois,
c'est qu'elle aime ça !"*
CLAUDE BEZ
Président Girondins de Bordeaux

APRÈS LA TRAVERSÉE DE LA MANCHE
"On ne souffre qu'une fois, du départ jusqu'à l'arrivée."
DOC COUNSILMAN
Nageur
79

SE PLAIGNANT DES CONDITIONS DE SÉCURITÉ AU NURBUGGRING :
*"Il faudrait être Guillaume Tell
pour atteindre une botte de paille ici !"*
BARRY SHEENE
Pilote moto GB
74

*"Etonnant de trouver une gauchère
qui joue à 2 mains des 2 côtés,
car c'est un jeu qui est plutôt réservé aux droitières."*
PATRICE DOMINGUEZ
Commentateur A2
89

*"Pendant un 100 m ?
J'ai le temps de me concentrer, de penser à lever les genoux,
et de penser à franchir la ligne avant tout le monde."*
FLORENCE GRIFFITH-JOYNER
Sprinteuse US

*"Avant mes matchs, je prends 8 pilules de caféine,
si on ajoute les 2 tasses de la mi-temps,
plus celle que j'avale avant d'entrer sur le terrain,
ça fait exactement 41 tasses de café dans la journée.
Puis une espèce d'élixir contre les crampes.
Ensuite 4 comprimés contre le mal de tête.
Je ne prends ni remontants ni drogues avant un match.
Je compte bien vivre au-delà de 32 ans."*
BRIAN BOSWORTH dit BOZ
Footballeur US
89